Impressum
Verlag: BABADADA GmbH, Nedderfeld 112 , 22529 Hamburg
Geschäftsführer / Verlagsleitung: Harald Hof
Druck: Books on Demand GmbH, In de Tarpen 42, 22848 Norderstedt

Imprint
Publisher: BABADADA GmbH, Nedderfeld 112 , 22529 Hamburg, Germany
Managing Director / Publishing direction: Harald Hof
Print: Books on Demand GmbH, In de Tarpen 42, 22848 Norderstedt, Germany

ቤት-ትምህርቲ

المدرسة

ክፍሊ ክላስ
القسم
መቀለ
يقسم
186/2
ሰሌዳ
اللوح
መምህር
المعلم
ወረቐት
ورقة
ጸሓፊ
يكتب
መጽሓፊ
القلم
ጣውላ ምጽሓፍ
طاولة المكتب
መስመር
المسطرة
መጽሓፍ
الكتاب
ተመሃራይ
التلميذ

ሳንጣ ትምህርቲ

الحقيبة المدرسية

ሰፈር ብርዒ

المقلمة

ርሳስ

قلم الرصاص

መብልሒ ርሳስ

البرّاية

መደምሰሲ

المِمحاة

ጥራዝ ስእሊ

دفتر الرسم

ስእሊ
....
الرسمة

ብርዒ ቀለም
....
الفرشاة

ቦክስ ቀለም
....
علبة التلوين

መቐስ
....
المقص

መጣበቒ
....
المادة اللاصقة

ጥራዝ መላመዲ
....
دفتر التمارين

ዕዮ ገዛ
....
الواجب المدرسي

ቁጽሪ
....
الرقم

ወሰኸ
....
يجمع

ጎደለ
....
يطرح

ረብሐ
....
يضرب

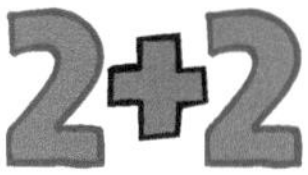

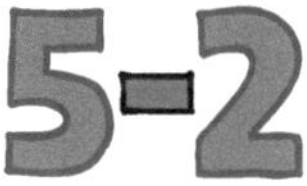

ደመረ
....
يحسب

A

ፊደል
....
الحرف

ABCDEFG
HIJKLMN
OPQRSTU
VWXYZ

ስርዓት ፊደላት
....
الأبجدية

hello

ቃል
....
كلمة

ጽሑፍ
....
النص

ኣንበበ
....
يقرأ

ኩርሽ
....
الطبشور

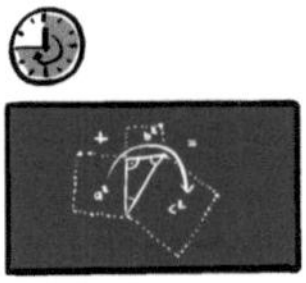

ሰዓት
....
الحصة

መዝገብ ክላስ
....
دفتر الدوام المدرسي

መርመራ
....
الامتحان

ሰርቲፊከት
....
شهادة

ድቢዣ ቤትትምህርቲ
....
اللباس المدرسي

ትምህርቲ
....
التعليم

ለክሲኮን
....
الموسوعة

ዩኒቨርሲቲ
....
الجامعة

ሚክሮስኮፕ
....
المِجهر

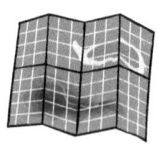

ካርታ
....
الخريطة

ጎሓፍ ወረቐት
....
قماما

መገሻ

سفر

መቐበሊ ኣጋይሽ
فندق
ሆስተል
بيت الشباب
ROOMS
ቦታ ቅያር ገንዘብ
مكتب صرافة
CHANGE
ባሊጃ
حقيبة
መኪና
سيارة

ቋንቋ

اللغة

እወ / ኖ

نعم / لا

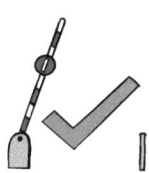

ሕራይ

حسناً

ሰላም

مرحباً

ኣስተርጓሚ

مترجم

የቐንየለይ

شكراً

. . . ክንደይ ዋግኡ?

....

كم ثمن ... ؟

ኣይተረድኣኹን

....

لا أفهم

ሽግር

....

مشكلة

ሰላም ምሸት!

....

مساء الخير

ከመይ ሓዲርካ

....

صباح الخير!

ሰላም ለይቲ

....

ليلة سعيدة

ደሓን ኩን

....

إلى اللقاء

ኣንፈት

....

اتجاه

ጕዓዝ

....

أمتعة السفر

ሳንጣ

....

حقيبة

ሳንጣ ሕቖ

....

حقيبة ظهر

ጋሻ

....

ضيف

ክፍሊ

....

غرفة

ከሻ መደቕሲ

....

كيس للنوم

ቴንዳ

....

خيمة

ሓበሬታ በጻሕቲ ሃገር

....

استعلامات سياحية

ገምገም ባሕሪ

....

شاطئ

ክረዲት ካርድ

....

بطاقة ائتمان

ቁርሲ

....

إفطار

ምሳሕ

....

طعام الغداء

ድራር

....

العشاء

ቲከት

....

بطاقة سفر

ሊፍት

....

مصعد

ማሕተም ደብዳበ

....

طابع بريدي

ዶብ

....

حدود

ድጓና

....

الجمارك

ኣምበሲ

....

سفارة

ቪዛ

....

تأشيرة

ፓስፖርት

....

جواز سفر

መጓዓዝያ

نقل

ነፋሪት
طائرة
መርከብ
سفينة
መኪና መጥፍኢ ሓዊ
سيارة إطفاء
حافلة
ናይ ጽዕነት መኪና
سيارة شاحنة
ጃልባ ሞቶር
زورق آلي
ብሽግለታ
درّاجة
መኪና
سيارة

ፈሪ

عبارة

ጃልባ

قارب

ሞቶ

دراجة نارية

መኪና ፖሊስ

سيارة شرطة

መኪና ቅድድም

سيارة سباق

ክራይ መኪና

سيارة مستأجرة

ምውፋይ መካይን
....
أسلوب تشاركي في استئجار السيارات

መወሰዲ መኪና
....
سيارة للجر

መኪና ጎሓፍ
....
سيارة نقل القمامة

ሞቶር
....
محرك

ነዳዲ
....
وقود

እንዳ ነዳዲ
....
محطة وقود

ምልክት ትራፊክ
....
إشارة مرور

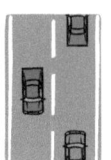

ትራፊክ
....
حركة السير

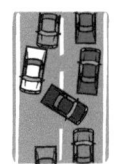

ምጭቕጫቕ ትራፊክ
....
ازدحام سير

መዕሸጊ መኪና
....
موقف سيارات

መዕረፊ ባቡር
....
محطة قطار

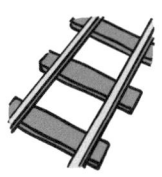

ሓዲግ
....
سكك حديدية

ባቡር
....
قطار

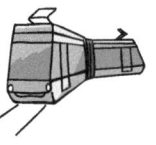

ትረም
....
ترام

ባጎኒ
....
عربة قطار

ሄሊኮፕተር
....
طائرة مروحية

መዓረፊ ነፈርቲ
....
مطار

ታወር
....
برج

ተጉዓዚ
....
مسافر

ኮንተይነር
....
حاوية

ሳንዱቕ ካርቶን
....
علبة كرتون

ኮርሳ ጽዕነት
....
عربة يد

ዘንቢል
....
سلة

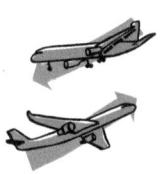

ተበገሰ / ዓለበ
....
يقلع / يهبط

ከተማ
مدينة

ቁሸት
....
قرية

ማእከል ከተማ
....
مركز المدينة

ገዛ
....
بيت

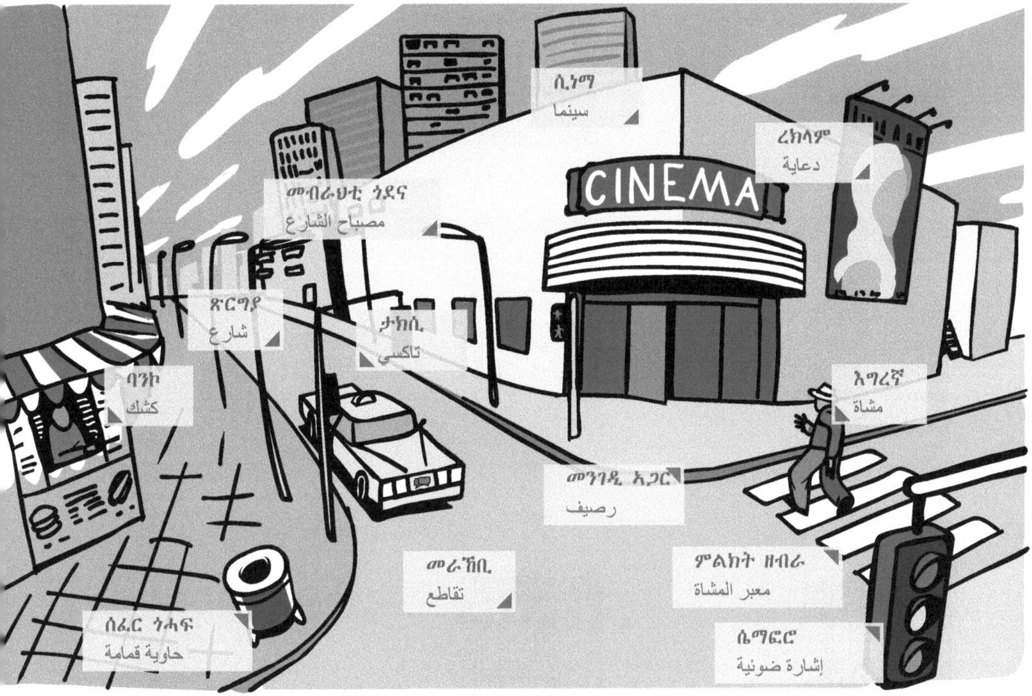

ሲነማ
سينما
ረክላም
دعاية
መብራህቲ ጎደና
مصباح الشارع
ጽርግያ
شارع
ታክሲ
تاكسي
ባንኮ
كشك
እግረኛ
مشاة
رصيف
መራኸቢ
تقاطع
ምልክት ዘብራ
معبر المشاة
ሰፈር ጎሓፍ
حاوية قمامة
إشارة ضوئية

ኣጐዶ

كوخ

ኣፓርትመንት

شقة

መዕረፊ ባቡር

محطة قطار

ቤት ምምሕዳር

دار البلدية

ቤተ መዘክር

متحف

ቤት-ትምህርቲ

المدرسة

ዩኒቨርሲቲ

الجامعة

ባንክ

مصرف

ሆስፒታል

المستشفى

መቐበሊ ኣጋይሽ

فندق

ቤት መድሃኒት

صيدلية

ቤት ጽሕፈት

مكتب

ዱኳን መጽሓፍቲ

مكتبة

ዱኳን

متجر

ዱኳን ዕንባባ

محل لبيع الزهور

ሱፐርማርኬት

سوبرماركت

ዕዳጋ

سوق

ሹቕ

متجر كبير

ነጋዳይ ዓሳ

تاجر السمك

ሹቕ

مركز تسوّق

መርሳ

ميناء

መዘናግዒ

....

حديقة عامة

ባንኪ

....

مقعد

ድልድል

....

جسر

መደያይቦ

....

درج، سلم

ባቡር ትሕቲ ምድሪ

....

مترو

ቢንቶ

....

نفق

መዕረፊ ኣውቶቡስ

....

موقف حافلات

ቤት መስተ

....

بار

ቤት-መግቢ

....

مطعم

ሰታሪት

....

صندوق البريد

ታቤላ

....

لافتة باسم الشارع

ሰዓት ፓርኪንግ

....

مقياس زمن الوقوف

መካነ እንስሳታት

....

حديقة حيوانات

መሓምበሲ

....

مسبح

መስጊድ

....

مسجد

ቤት ሕርሻ

مزرعة

ብከላ

تلوث البيئة

መቓብር

مقبرة

ቤተክርስትያን

كنيسة

ቦታ ምጽዋት

ملعب الأطفال

ቤት መቕደስ

معبد

ስእሊ መሬት

طبيعة ريفية

ورقة
መሕበሪ መገዲ
علامة إرشاد
መገዲ
طريق
مرج
እምኒ
حجر
ኮብላሊ
رحالة
ኣግራብ
شجرة
ፈለግ
نهر
ሳዕሪ
عشب
ዕንባባ
زهرة

ስንጭሮ

وادٍ

ጎቦ

جبل

ቀላይ

بحيرة

ዱር

غابة

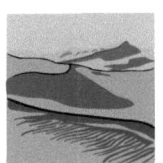

ምድረ በዳ

صحراء

እሳተ-ጎመራ

بركان

ግምቢ

قلعة

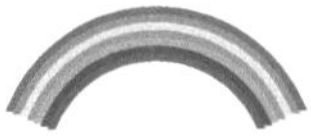

ቀስተ-ደመና

قوس قزح

ቃንቁኛ

فِطر

ዓርኮብኮባይ

نخلة

ጣንጡ

بعوض

ሃመማ

ذبّانة

ጻጸ

نملة

ንህቢ

نحلة

ሳሬት

عنكبوت

ሕንዚዝ

خنفساء

ዕንቅርዖብ

ضفدعة

ምጽጺላይ

سنجاب

ቅንፍዝ

قنفذ

ማንቲለ

أرنب

ጉንጓ

بومة

ጭሩ

عصفور

ስዋን

بجعة

መፍለስ

خنزير برّي

ዓጋዘን

غزال

ሙስ

إلكة

ግድብ

سد

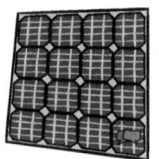

ተርባይን ንፋስ

دولاب الطاحونة الهوائية

ሶላር ስርሓት

خلية شمسية

ኩነታት ኣየር

مناخ

ቤት-መግቢ
مطعم

نادل
ካርታ መግብታት
لائحة الطعام
መንበር
كرسي
መረቕ
حساء
ፒትሳ
بيتزا
ክዳን ጣውላ
غطاء المائدة
أدوات المائدة

ቅድመ ቀንዲ መግቢ
....
مقبلات

ቀንዲ መኣዲ
....
الصحن الرئيسي

ድሕሪ መግቢ
....
حلوى أو فاكهة بعد الطعام

መስተ
....
مشروبات

መግቢ
....
طعام

ጥርሙዝ
....
زجاجة

ስሉጥ መግቢ

....

وجبات سريعة

መግቢ ጽርግያ

....

طعام الشارع

ብርጭቆ ሻሂ

....

إبريق الشاي

ታኒካ ሽኮር

....

علبة السكر

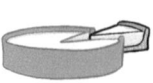

ክፋል

....

حصّة

ማሺን ኤስፕረሶ

....

آلة الإسبريسو

ነዊሕ መንበር

....

كرسي عالٍ

ጸብጻብ

....

فاتورة

ታብለት

....

صينية

ካራ

....

سكين

ፋርከታ

....

شوكة

ማንካ

....

ملعقة

ማንካ ሻሂ

....

ملعقة الشاي

ሰርቭየተ

....

منديل المائدة

ብኬሪ

....

كأس

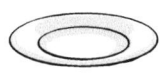

ሽሓኒ
....
صحن

ሽሓኒ መረቕ
....
صحن الحساء

ትሕቲ ኩባያ
....
صحن الفنجان

ጸብሒ
....
صلصة

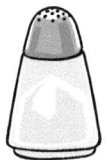

ወሃቢ ጨው
....
مملحة

መጥሓን በርበረ
....
مطحنة الفلفل

ኣቸቶ
....
خلّ

ዘይቲ
....
زيت الطعام

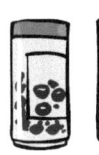

ቀመም
....
توابل

ከቹፕ
....
كتشاب

ኣድሪ
....
خردل

ማዮኒዝ
....
مايونيز

ሱፐርማርኬት

سوبرماركت

ወፈያ
عرض خاص
FOR
زبون
ፍርያታት ጸባ
مشتقات الحليب
ፍረታት
فواكه
ሰረገላ ዱኳን
عربة تسوّق

እንዳ ስጋ

جزّار

እንዳ ባኒ

مخبز

ክብደት

يزن

ኣሕምልቲ

خضار

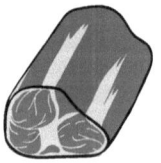

ስጋ

لحم

መግቢ ፍሪጅ በረድ

المأكولات المجمّدة

ዝሑል ቅሩብ መግቢ
....
مرتدلا أو جبن

እስቃጥላ
....
معلبات

ኣሞ
....
مسحوق الغسيل

ምቁር መግቢ
....
حلويات

ዘቤታውያን ኣቕሑ
....
المواد المنزلية

ናውቲ መጸረዪ
....
منظفات

ሸቃጣይ
....
بائعة

ካሳ
....
صندوق الحساب

ተሓዝ ገንዘብ
....
أمين صندوق

ዝርዝር ምግዛእ
....
قائمة المشتريات

ክፉት ሰዓታት
....
أوقات العمل

ማሕፉዳ
....
محفظة النقود

ክረዲት ካርድ
....
بطاقة ائتمان

ሳንጣ
....
حقيبة

ፌስታል
....
كيس بلاستيكي

መስተ

مشروبات

ማይ

....

ماء

ጽማቝ

....

عصير

ጸባ

....

حليب

ኮላ

....

كولا

ነቢት

....

نبيذ

ቢራ

....

بيرة

ኣልኮል

....

كحول

ካካው

....

كاكاو

ሻሂ

....

شاي

ቡን

....

قهوة

ኤስፕረሶ

....

قهوة إسبريسو

ካፑቺኖ

....

كابوتشينو

ባናና
....
موزة

ቱፋሕ
....
تفاح

ኣራንሺ
....
برتقال

ብርጭቕ
....
بطيخ

ለሚን
....
ليمون

ካሮት
....
جزرة

ጻዕዳ ሽጉርቲ
....
ثوم

ባምቡስ
....
خيزران

ሽጉርቲ
....
بصل

ቅንጥሻ
....
فطر

ፉል
....
لوزيات

ፓስታ
....
شعيرية

ስፓገቲ

....

سباغيتي

ሩዝ

....

أرزّ

ሰላጣ

....

سلطة

ቅልዋ ድንሽ

....

بطاطا مقلية

ቅሉው ድንሽ

....

بطاطا مقلية

ፒትሳ

....

بيتزا

ሃምቡርገር

....

هامبورغر

ፓኒኖ

....

ساندويش

ቢስተካ

....

شريحة لحم مقلية

ሰለፍ ሓሰማ

....

لحم خنزير

ሳላሚ

....

سلامي

ግዕዝም

....

سجق

ደርሆ

....

دجاج

ቀለወ

....

لحم محمر

ዓሳ

....

سمك

ገዓት

....

دقيق الشوفان

ሙስሊ

....

موسلي

ኮርንፍለይክስ

....

كورن فلكس

ሓርጭ

....

طحين

ክሮሶን

....

كرواسان

ባኒ

....

خبز صغير

ባኒ

....

خبز

ቶስት

....

خبز محمص

ብሽኮቲ

....

بسكويت

ጠስሚ

....

زبدة

ርግኦ

....

لبن زبادي

ፓስተ

....

كعكة

እንቋቑሖ

....

بيضة

ቅሉው እንቋቑሖ

....

بيض مقلي

ፋርማጆ

....

جبنة

አይስ ክሪም

مثلجات

ሽኮር

سكر

መዓር

عسل

ጀም

مربّى الفاكهة

ኑጋት-ክረም

كريم النوغا

ኩሪ

الكاري

ቤት ሕርሻ
مزرعة

بيت الفلاح
መኽዘን
مخزن غلال
ሓሰር ቦንዳ
رزمة من التبن
ግራት
حقل
ፈረስ
حصان
ተስሓቢ
مقطورة
ትራክተር
جرار
مهر
ኣድጊ
حمار
በጊዕ
خروف
ዕየት
خروف

ጤል

ماعز

ብዕራይ

بقرة

ምራኽ

عجل

ሓሰማ

خنزير

ውላድ ሓሰማ

خنزير صغير

ኣርሓ

ثور

ዓዓ

إوزّة

ማይ ደርሆ

بطة

ጫቑት

صوص

ደርሆ

دجاجة

ኣርሓ ደርሆ

ديك

ኣንጨዋ ዓባይ

جرذ

ድሙ

قطة

ኣንጭዋ

فأر

ብዕራይ

ثور

ከልቢ

كلب

ኣጉዶ ከልቢ

كوخ الكلب

ቱባ ጀርዲን

خرطوم الحديقة

መዝፈፊ ማይ

إبريق

ዓቢ ማዕጺድ

منجل

ማሕረሻ

المحراث

ማዕጺድ

منجل

ጭኽሮ

معزقة

መስአ

مذراة الزبل

ፋስ

بلطة

ዓረብያ ኢድ

عربة يد

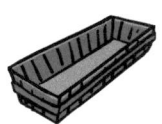

ጋብላ

معلف

ብርጭቆ ጸባ

صفيحة الحليب

ክሻ

كيس

ሓጹር

سياج

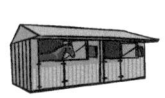

መጓሰስ

اصطبل

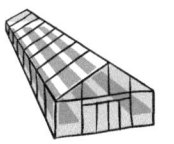

ቐጠልያ ገዛ

دفيئة

ባይታ

تربة

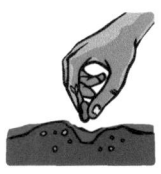

ዘርኢ

بذور

ድኹዒ

سماد

ዘጣምር ቀውዓይ

حصّادة درّاسة

ቀውዐ

يحصد

ጻማ

محصول

ድንሽ ያም

بطاطا يامس

ስርናይ

قمح

ሶያ

صويا

ድንሽ

بطاطا

ዕፉን

ذرة

ራፕስ

سلجم

ገረብ ፍረታት

شجرة فاكهة

ማኒኦክ

نبات منيهوت

ኣእኽል

الحبوب

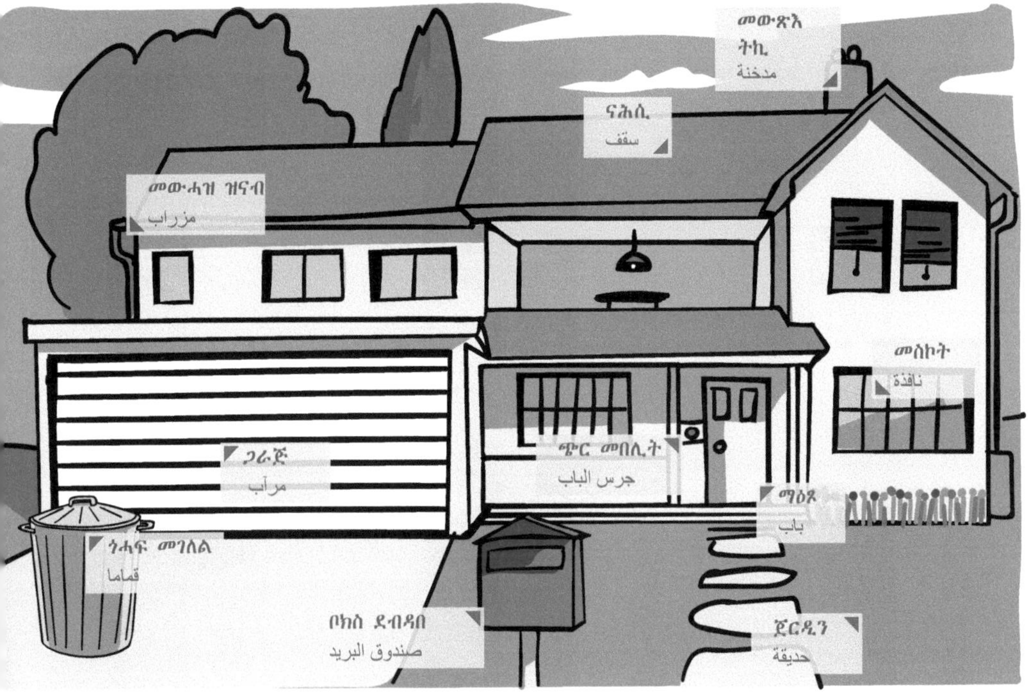

መውጽእ ትኪ / مدخنة

ናሕሲ / سقف

መውሓዝ ዝናብ / مزراب

መስኮት / نافذة

ጋራጅ / مرآب

ጭር መበሊት / جرس الباب

ማዕጾ / باب

ጓሓፍ መገለል / قمامة

ቦክስ ደብዳበ / صندوق البريد

ጆርዲን / حديقة

ክፍሊ ምቕማጥ

غرفة جلوس

ክፍሊ ባንዮ

الحمّام

ክሽን

مطبخ

ክፍሊ መደቀሲ

غرفة النوم

ክፍሊ ቆልዑ

غرفة الأطفال

መመገቢ ክፍሊ

غرفة الطعام

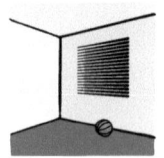

ባይታ

....

أرضية

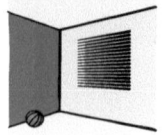

መንደቕ

....

حائط

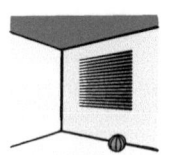

ከቦርታ

....

سقف

ካንቲና

....

قبو

ሳውና

....

ساونا

ባልኮን

....

بلكون

ዛላ

....

شرفة

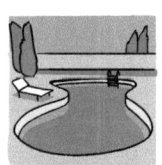

መሕምበሲ

....

مسبح

መቑረጺ ሳዕሪ

....

جزّازة العشب

ኣንሶላ ዓራት

....

بياضات السرير

ከቦርታ ዓራት

....

بطانية

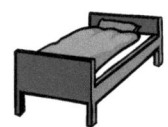

ዓራት

....

سرير

መኾስተር

....

مكنسة

መገለል

....

سطل

መወልዒት

....

مفتاح كهربائي

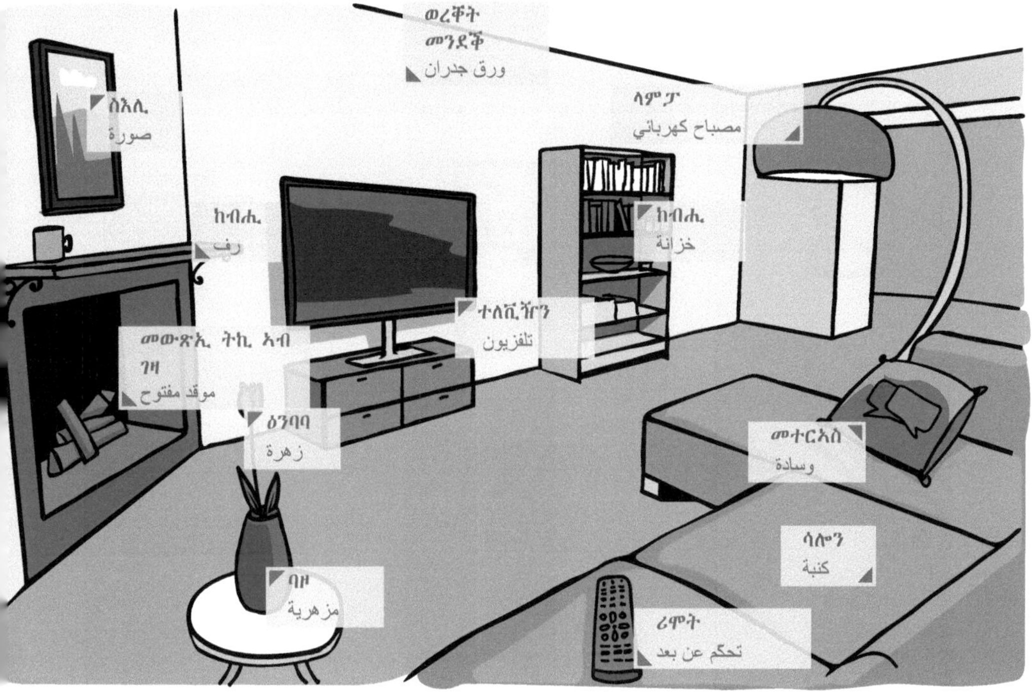

ክፍሊ ምቕማጥ
غرفة جلوس

መንጸፍ

....

بصاط

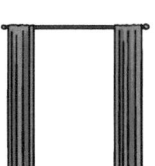

መጋረጃ

....

ستارة

ጣውላ

....

طاولة

መንበር

....

كرسي

ሰለል ዝብል መንበር

....

كرسي هزّاز

መንበር ምቹእ

....

كرسي ذو ذراعين

መጽሓፍ

الكتاب

ክቦርታ

بطانية

ስልማት

زخرفة

እንጨይቲ ሓዊ

الحطب

ፊልም

فيلم

ስተረዮ

تجهيزات ستيريو

መፍትሕ

مفتاح

ጋዜጣ

جريدة

ቕብኣ

لوحة مرسومة

ፖስተር

مُلصق

ረድዮ

راديو

ጥራዝ

دفتر ملاحظات

መልገሲ ደሮና

المكنسة الكهربائية

በለስ

صبّار

ሽምዓ

شمعة

ክሽነ
مطبخ

መዝሓሊ
برّاد
ሚክሮቨላ
ميكروويف
ሚዛን ክሽነ
ميزان المطبخ
ቶስተር
محمصة الخبز
መጽረዪ
منظفات
እቶን
فرن
መዝሓሊ በረድ
ثلاجة
ጎሓፍ መገለል
قماما
መጽረዪ ኣቕሑ መግቢ
جلّاية

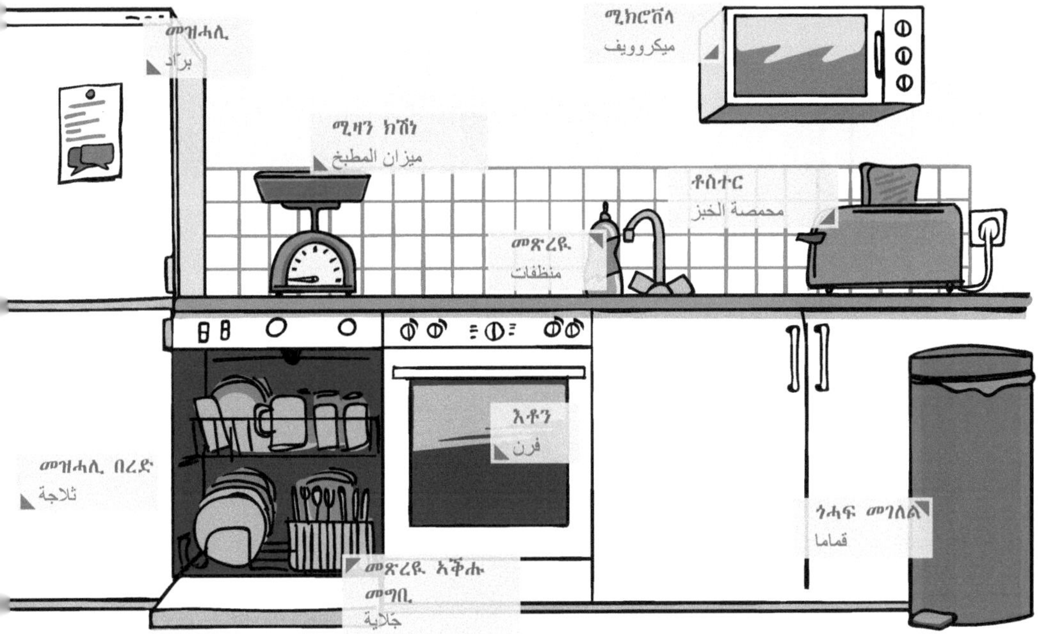

መኸሸኒ

موقد

ድስቲ

قِدر

ድስቲ ሓጺን

وعاء من الحديد

ቮክ/ካዳይ

قدر صيني

ባደላ

مقلاة

መውዓዪ ማይ

غلاية

መፍልሒ

....

قدر البخار

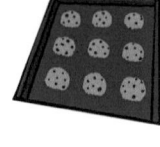

ጓንቴራ ምስንካት

....

صينية

ኣቕሑ መግቢ

....

أواني

ብርጭቆ

....

فنجان

ጭሓሎ

....

صحن

ማንካቺና

....

عيدان الأكل

ማንካ መረቕ

....

مغرفة

መገልበጢ ባደላ

....

ملعقة منبسطة

መኾስተር ውርጪ

....

خفّاقة

መንፊት መግቢ

....

مصفاة

መንፊት

....

مصفاة

መፋሕፍሒ

....

مبشرة

ሞርታር

....

هاون

ባርቢክዩ

....

شواء

ስፍራ ሓዊ

....

موقد

እንጨይቲ ምምታር

....

لوح التقطيع

እንጨይቲ ኰረር

....

نشّابة

መኽፈት ቡሽ

....

مفتاح الزجاجات

ታኒካ

....

علبة

መኽፈቲ ታኒካ

....

مفتاح العلب المعدنية

ጨርቂ ድስቲ

....

قماش الفرن

ቡምባ

....

مجلى

ኣስባስላ

....

فرشاة

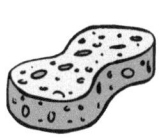

ሰፍነግ

....

إسفنج

ሓዋሲ ኣደባላቒ

....

خلاط

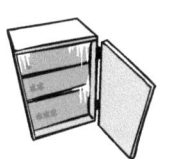

መዝሓሊ በረድ

....

مجمّدة

ጥርሙዝ ማማይ

....

زجاجة الطفل

ቡምባ ማይ

....

صنبور الماء

ክፍሊ ባንዮ

الحمّام

تدفئة
منشفة
መሕጸቢ ሻወር
دوش
ሻወር መጋረጃ
ستارة الدوش
መሕጸቢ ዓፍራ
حمام رغوة
ብኬሪ
كأس
غسالة
ቡምባ ማይ
صنبور الماء
ማቶነላ
بلاط
ድስቲ
قفازات مطاطية
ቡምባ
مجلى

ሽቓቕ

حمام

ሽቓቕ ኮፍ

مرحاض القرفصاء

በዱ

حوض التشطيف

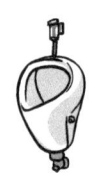

ሽቓቕ ተባዕታይ

مبولة

ወረቐት ሽቓቕ

ورق المرحاض

ኣስባስላ ሽቓቕ

فرشاة الحمام

ኣስባስላ ስኒ

فرشاة الأسنان

ክሬማ ስኒ

معجون الأسنان

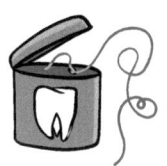

ሃሪ ስኒ

خيط حرير لتنظيف الأسنان

ሓጸበ

يغسل

ዱሽ ኢድ

رشاش ماء يدوي

ዱሽ

شطاف

ብርጭቆ ምሕጻብ

حوض الغسيل

ኣስባስላ ሕቖ

فرشاة الظهر

ሳምና

صابون

ሻወር ጀል

جيل الدوش

ሻምፑ

شامبو

ጨርቂ መሕጸቢ

ممسحة

መውሓዚ

مصرف للماء

ክሬማ

مرهم

ደዮ ጨና

مزيل الروائح

መስትያት

مرآة

ናይ ኢድ መስትያት

مرآة يد

መላጸ

موس حلاقة

ዓፍራ ምልጻይ

رغوة الحلاقة

ጨና ድሕሪ ምልጻይ

كولونيا

መመሸጥ

مشط

ኣስባስላ

فرشاة

መንቐጺ ጸጉሪ

سشوار

ስፕረይ ጸጉሪ

مثبت للشعر

መመላኽዒ

ماكياج

ብርዒ ቀለም ከንፈር

روج

ኣዝማልቶ

طلاء أظافر

ጸምሪ ጡጥ

قطن

መስደዲ ጽፍሪ

مقص أظافر

ጨና

عطر

ሳንጣ መሕጸቢ

سلة الغسيل

ድኳ

مقعد صغير

ሚዛን

ميزان

ክዳን መሕጸቢ

معطف الحمام

ጓንቲ መጸረዪ

قفازات مطاطية

ታምፖን

سدادة قطنية

ጨርቂ ሰበይቲ

منشفة صحية

ሽቓቕ ክሚስትሪ

تواليت كيميائية

ክፍሊ ቆልዑ
غرفة الأطفال

ኣላርም መተስኢ
منبه
መጻወቲ እንስሳ
الحيوانات المحنطة
መጻወቲ መኪና
سيارة لعبة
ቤት ባምቡላ
بيت الدمى
ህያብ
هدية
خشخشة

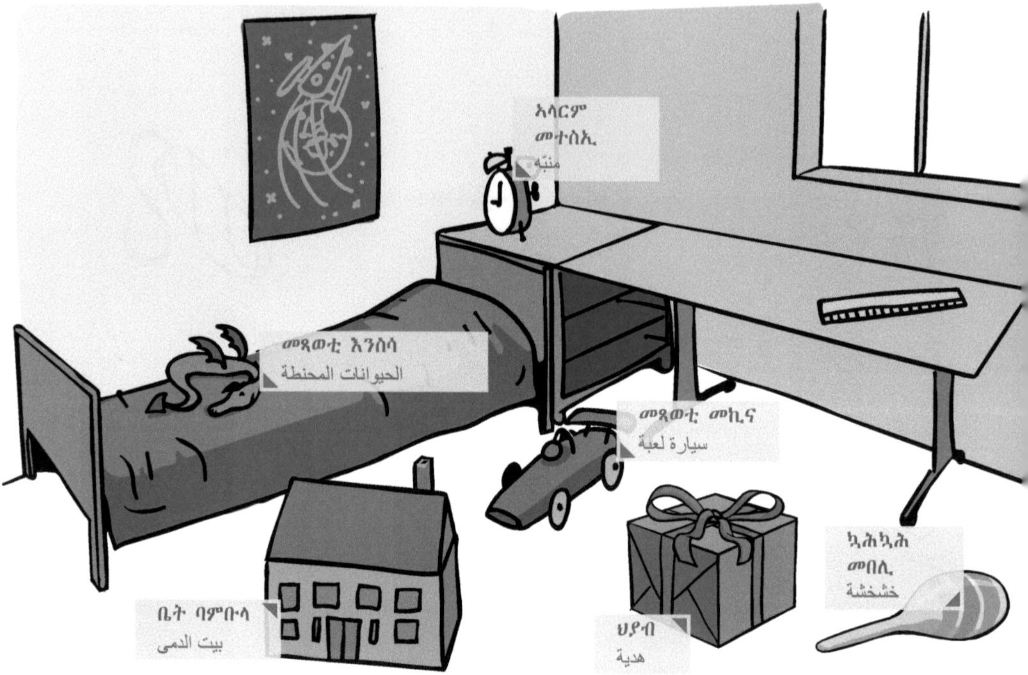

ባላንችና

بالون

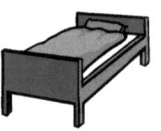

ዓራት

سرير

ሰረገላ ህጻን

عربة الأطفال

ጸወታ ካርታ

لعبة الورق

ሕንቅሊተይ

أحجية

ኮሜዲ

رسوم هزلية

እምንታት መጻወቲ ለጎ
....
أحجار الليغو

መጻወቲ እምንታት
....
حجارة تركيب

በዓል ኣክቾን
....
دمية بطل

ክዳን ማማይ
....
لباس الطفل

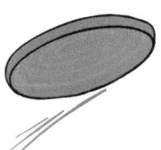

ፍሪስቢ
....
فريسبي

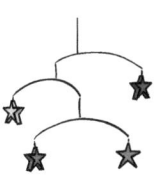

ሞባይል ማማይ
....
دمية معلّقة

ጸወታ ሰሌዳ
....
لعبة الطاولة

ኩቦ
....
لعبة النرد

ሞደል ባቡር ምድሪ
....
لعبة قطار

ዓባስ
....
مصّاصة

ፓርቲ
....
حفلة

መጽሓፍ ስእሊ
....
كتاب مصوّر

ኩዕሶ
....
كرة

ባምቡላ
....
دمية

ተጻወተ
....
يلعب

መጻወቲ ሑጻ

ملعب رملي للأطفال

ሰላል

أرجوحة

መጻወቲታት

لعبة

ኮንሶል ቪድዮ

ألعاب فيديو

መጻወቲ ሰለስተ መንኮርኮር

دراجة ثلاثية

ተዲ

دمية على شكل الدب

ከብሒ ክዳን

خزانة الثياب

ክዳን

ثياب

ካልስታት

جوارب قصيرة

ነዊሕ ካልስታት

جوارب طويلة

ስረ ካልሲ

جورب بنطلون

ሻርባ
شال

ጽላል
شمسية

ቁልፊ
حزام

ማልያ
تي شيرت

ስኒከርስ
أحذية رياضية

ረፋዕ
حذاء شتوي

ጫማ ገዝ
شبشب

ሸበጥ
....
صندل

ጫማ
....
حذاء

ረፋዕ ጎማ
....
جزمة كاوتشوك

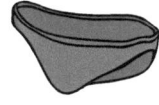

ሙታንታ
....
سروال داخلي

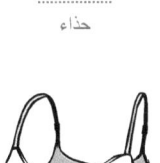

ከዳን ጡብ
....
صدارة

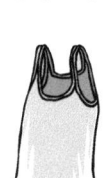

ትሕተ ካሚቻ
....
قميص داخلي

ቦዲ

لباس ملاصق للجسم

ስረ

بنطلون

ጂንስ

جينز

ቀምሽ

تنورة

ካምቻ

بلوزة

ካሚቻ

قميص

ጉልፎ

سترة قطنية

ኅልፎ

كنزة كم طويل

ጃኬት

سترة فضفاضة

ጃከት

سترة

ጁባ

معطف

ክዳን ዝናብ

معطف مطري

ኮስቱም

زي - طقم نسائي

ቀምሽ

ثوب

ቀምሽ መርዓ

ثوب الزفاف

ልብሲ

طقم

ካሚቻ ለይቲ

قميص نوم

ክዳን ለይቲ

بيجاما

ሳሪ

ساري

መሃረብ ርእሲ

حجاب

ቱርባን

عمامة

ቡርካ

برقع

ካፍታን

قفطان

ኣባያ

عباءة

ክዳን መሕምበሲ

مايوه

ስረ መሕምበሲ

سروال سباحة

ሓጺር ስረ

شرت

ክዳን ታዕሊም

بدلة رياضية

በጃ ክዳን

مئزر

ጓንቲ

قفازات

መልጎም

زر

መነጽር

نظّارة

በንናጅር

إسوارة

ማዕተብ

عقد

ቀለበት

خاتم

ኩትሻ

قرط

ቆብዕ

طاقيّة

መንበሪ ጁባ

علاقة ثياب

ባርኔጣ

قبّعة

ካርራቫት

ربطة العنق

ሻርነጣ

سحّاب

ሀልመት

خوذة

መድልደል ስረ

حمّالة البنطلون

ድቢዛ ቤትትምህርቲ

اللباس المدرسي

ድቢዛ

زي موحّد

ሰደርያ ቆልዓ

مريلة الأطفال

ዓባስ

مصّاصة

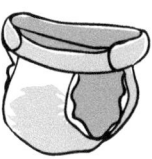

ጨርቂ ማማይ

لفافة

ቤት ጽሕፈት

مكتب

ሰርቨር
المخدّم
ከብሒ ሰነድ
خزانة الملفات
ፕሪንተር
طابعة
ወረቐት
ورقة
شاشة
فأرة
ጣውላ ምጽሓፍ
طاولة المكتب
ملف
ኪቦርድ
لوحة المفاتيح
ጎሓፍ ወረቐት
ኮምፒተር
حاسوب
መንበር
كرسي

ብርጭቆ ቡን

كأس من القهوة

ካልኩለተር

الآلة الحاسبة

ኢንተርነት

الإنترنت

ለፕቶፕ
....
الحاسوب المحمول

ደብዳበ
....
رسالة

መልእኽቲ
....
خبر

ሞባይል
....
الهاتف المحمول

ነትወርክ/መርበብ
....
شبكة

መቕድሒ ፎቶኮፒ
....
جهاز تصوير

ሶፍትዌር
....
البرمجيات

ተለፎን
....
هاتف

ሶኬት ኳረንቲ
....
مقبس كهربائي

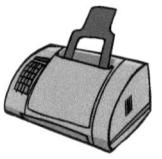

ፋክስ
....
فاكس

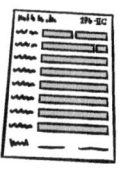

ፎርም
....
استمارة

ሰነድ
....
وثيقة

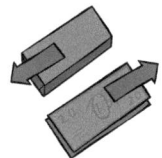

ገዝአ

يشتري

ከፈለ

يدفع

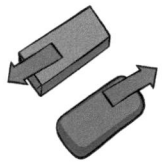

ንግዲ

يتاجر

ገንዘብ

مال

ዶላር

دولار

ኦይሮ

يورو

የን

ين

ሩብል

روبل

ስዊዝ ፍራንክን

فرنك سويسري

ረንሚንቢ ዩዋን

يوان

ሩፒየ

روبية

መውጽኢ ማሺን ገንዘብ

صرّاف آلي

ቦታ ቅያር ገንዘብ

مكتب صرافة

ወርቂ

ذهب

ብሩር

فضة

ዘይቲ

نفط

ሓይሊ

طاقة

ዋጋ

سعر

ውዕል

عقد

ቀረጽ

ضريبة

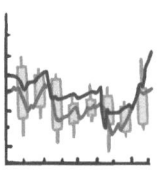

እኩብ ጥረ-ነገራት

سهم

ሰርሐ

يعمل

ሰራሕተኛ

موظف

ኣሰራሒ

رب العمل

ትካል

مصنع

ዱኳን

متجر

ሞያታት
المِهَن

رجل إطفاء
በዓል ፖሊስ
الشرطي
ከሻኒ
طبّاخ
ሓኪም
الطبيب
መራሒ ነፋሪት
طيّار

ሰራሕተኛ ጀርዲን

بستاني

ጸራቢ ዕንጸይቲ

نجّار

ሰፋይት

خيّاطة

ፈራዳይ

قاض

ቀማሚ

كيميائي

ተዋሳኢ

ممثل

መራሒ ኣዉቶቡስ

....

سائق حافلة

ኣውቲስታ ታክሲ

....

سائق تاكسي

ገፋፊ ዓሳ

....

صياد سمك

ጸራጊት

....

أجيرة للتنظيف

ሃናጻይ ናሕሲ

....

بنّاء سقف

ኣሰላፊ

....

نادل

ሃዳናይ

....

صيّاد

ሰኣላይ

....

رسّام

እንዳ ሕብስቲ

....

خباز

ኤለትሪከኛ

....

كهربائي

ሃናጺ ኣባይቲ

....

عامل بناء

ሃንዳሲ

....

مهندس

ሰራሕተኛ እንዳ ስጋ

....

لحّام

ድራብሊኮ

....

سمكري

ኣማላላሲ ፖስጣ

....

ساعي البريد

ወተሃደር
....
جندي

መሃንድስ
....
مهندس معماري

ተሓዝ ገንዘብ
....
أمين صندوق

ሰራሕተኛ ዕምባባ
....
بائع الزهور

ቀምቃማይ
....
حلاق

ፈተሪኖ
....
مراقب القطار

መካኒክ
....
ميكانيكي

መራሒ መርከብ
....
قبطان

ሓኪም ስኒ
....
طبيب أسنان

ተመራማሪ
....
رجل العلم

ራቢ
....
حاخام

ኢማም
....
إمام

ፈላሲ
....
راهب

ቀሺ
....
كاهن

ናውቲ

عدة عمل

ጉጤት
كمّاشة
ሞደሻ
مطرقة
ዘዋር መስኒ
مفك البراغي
መፋትሕ
مفتاح ربط
ላምፓዲና
مصباح يد

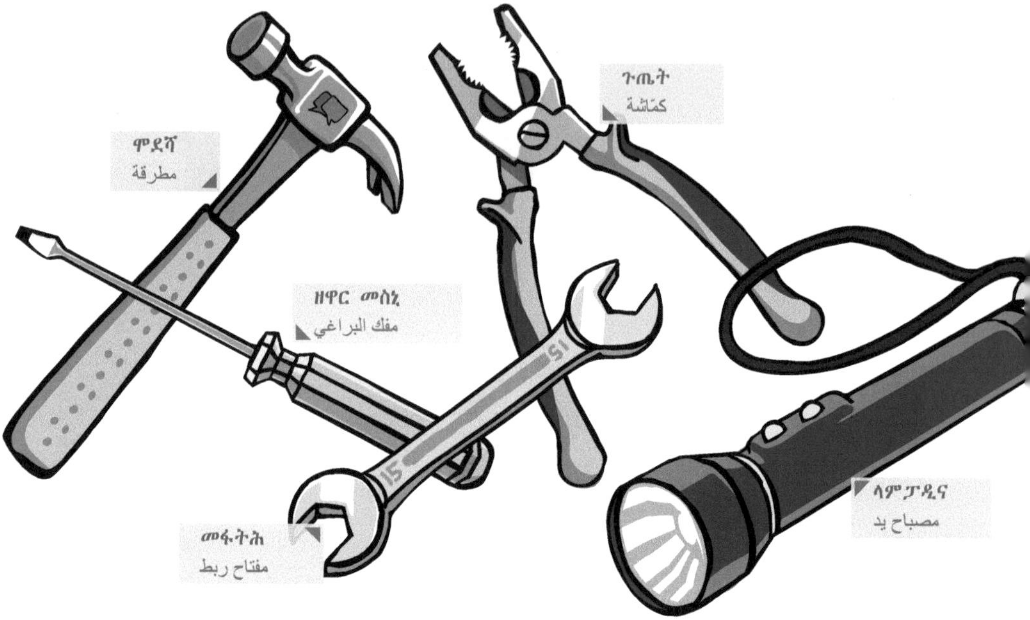

ፈሓሪ

جرافة

ናውቲ ቦክስ

صندوق العدة

መደያይቦ

سلّم

መጋዝ

منشار

መስማር

مسامير

ኰዓቲ

مثقب

ምዕራይ

يصلح

ባደላ

مجرفة

ኣይ!

اللعنة

መትሓዚ ዶሮና

لقاطة الكناسة

ድስቲ ቀለም

سطل الألوان

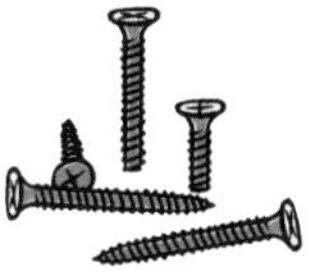

ካቻቢተ

براغي

መሳርሒ ሙዚቃ

آلات موسيقية

እስፒከር
مكبر الصوت
ከበሮታት
آلات الإيقاع
ጊታር
غيتار
ረጕድ ዓባይ ጊታር
كمان أجهر
بوق

ፒያኖ

بيانو

ቪዮሊን

كمنجة

ባስ ጊታር

جهير

ቲምንኢ

طبل كبير

ከቦሮ

طبل

ኦርጋን

بيانو كهربائي

ሳክሶፎን

ساكسوفون

ሻምብቆ

ناي

ሚክሮፎን

ميكروفون

መካነ እንስሳታት

حديقة حيوانات

ነብሪ
نمر
قفص
ኣድጊ በረኻ
حمار الوحش
መግቢ እንስሳ
علف للحيوانات
ፓንዳ
دب باندا
መእተዊ
مدخل

እንስሳታት

....

حيوانات

ሓርማዝ

....

فيل

ካንጋሩ

....

كنغر

ሓሪሽ

....

وحيد القرن

ጉሪላ

....

غوريلا

ድቢ

....

دب

ገመል

جمل

ሰገን

نعامة

ኣንበሳ

أسد

ህበይ

قرد

ፍላሚንጎ

طائر فلامينغو

ሕንጻይ

ببغاء

ድቢ በረድ

دب قطبي

ፕንጉን

بطريق

ከልቢ ዓሳ

سمك القرش

ጣውስ

طاووس

ተመን

أفعى

ሓርገጽ

تمساح

ሓላዊ ቤት ገርድሽ

حارس في حديقة الحيوان

ዓሳ ዚምገብ እንስሳ ባሕሪ

عجل البحر

ጃጓር

نمر أمريكي مرقط

ሓጺር ፈረስ

....

فرس قزم

ነብሪ

....

نمر

ጉማሬ

....

فرس النهر

ጂራፍ

....

زرافة

ሊሳ

....

نسر

መፍለስ

....

خنزير برّي

ዓሳ

....

سمك

ጎብየ

....

سلحفاة

ዋልሩስ

....

حيوان فظ البحري

ወኻርያ

....

ثعلب

ሰስሓ

....

غزال

ናይ አሜሪካ ኩዕሶ እግሪ
كرة القدم الأمريكية

ምዝዋር ብሽግለታ
ركوب الدراجات

ተኒስ
كرة التنس

ባስኬትቦል
كرة السلة

ምሕምባስ
السباحة

ቦክሲንግ
الملاكمة

ሆኪ በረድ
هوكي الجليد

ኩዕሶ እግሪ
كرة القدم

ባድሚንተን
الريشة الطائرة

እስፖርታዊ ንጥፈታት
ألعاب القوى الخفيفة

ኩዕሶ ኢድ
كرة اليد

ስኪ
التزلج على الثلج

ፖሎ
بولو

ንጥፈታት
نشاطات

يقفز
يعانق
يضحك
ከደ
يمشي
يغني
يحلم
ጸለየ
يصلي
ሰዓመ
يقبل

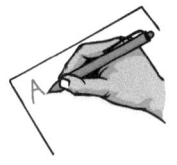

ጸሓፈ
....
يكتب

ሰኣለ
....
يرسم

ኣርኣየ
....
يُري

ደፍአ
....
يدفع

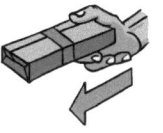

ሃበ
....
يعطي

ወሰደ
....
يأخذ

ኣለወ

....

يملك

ገበረ

....

يعمل

ኮነ

....

يوجد

ጠጠው በለ

....

يقف

ጎየየ

....

يركض

ሰሓበ

....

يسحب

ሰንደወ

....

يرمي

ወደቐ

....

يقع

ሓሰወ

....

يستلقي

ተጸበየ

....

ينتظر

ሰከመ

....

يحمل

ኮፍ በለ

....

يجلس

ተኸድነ

....

يلبس

ደቀሰ

....

ينام

ተሰአ

....

يستيقظ

ረአየ

....

ينظر إلى ..

በኸየ

....

يبكي

ብኣጻብዑ ደረዘ

....

يمسّد

መሸጠ

....

يمشّط

ተዛረበ

....

يتكلم

ተረድአ

....

يفهم

ሓተተ

....

يسأل

ሰምዐ

....

يسمع

ሰተየ

....

يشرب

በልዐ

....

يأكل

ኣቐመጠ

....

يرتب

ኣፍቀረ

....

يحب

ከሸነ

....

يطبخ

ዘወረ

....

يقود

ነፈረ

....

يطير

ብመርከብ ገየሸ

....

يبحر بزورق شراعي

ደመረ

....

يحسب

ኣንበበ

....

يقرأ

ተመሃረ

....

يتعلم

ሰርሐ

....

يعمل

መርዓወ

....

يتزوج

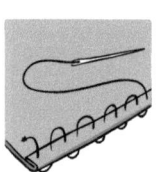

ሰፈየ

....

يخيط

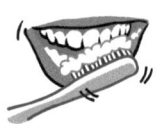

ጽሬት ኣስናን

....

ينظف أسنانه

ቀተለ

....

يقتل

ሽጋራ ተከኸ

....

يدخّن

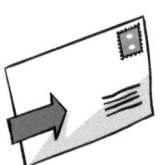

ሰደደ

....

يرسل

ስድራቤት
عائلة

جدّة
جدّ
أب
أم
ማማይ
الطفل
ጓል
ابنة
ወዲ
ابن

ጋሻ
....
ضيف

ሓትኖ
....
عمّة / خالة

ኣኮ
....
عمّ / خال

ሓው
....
أخ

ሓፍቲ
....
أخت

ኣካላት

الجسم

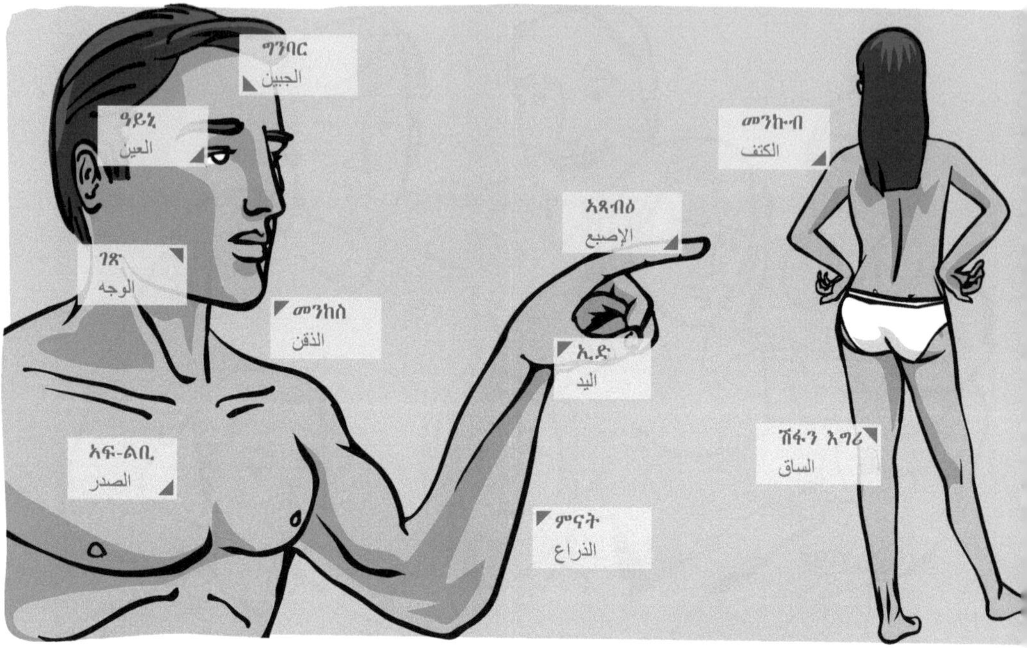

ግንባር
الجبين
ዓይኒ
العين
መንኩብ
الكتف
ኣጻብዕ
الإصبع
ገጽ
الوجه
መንከስ
الذقن
ኢድ
اليد
الصدر
ሽፋን እግሪ
الساق
ምናት
الذراع

ማማይ

الطفل

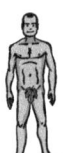

ሰብኣይ

الرجل

ሰበይቲ

المرأة

ጓል

البنت

ወዲ

الولد

ርእሲ

الرأس

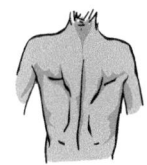

ሕቖ

الظهر

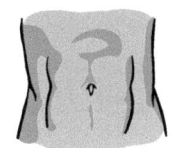

ከስዐ

البطن

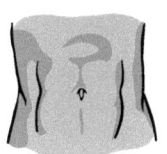

ሕምብርቲ

السرّة

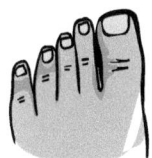

ኣጻብዕ እግሪ

إصبع القدم

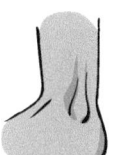

ኩርኽሪ

الكعب

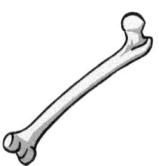

ዓጽሚ

العظم

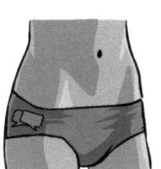

ምሕኩልቲ

الورك

ብርኪ

الركبة

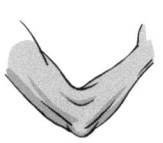

ፎግፎጎ

المِرفق

ኣፍንጫ

الأنف

መዓኮር

العَجُز

ቆርበት

البشرة

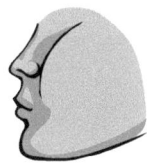

ምዕጉርቲ

الخد

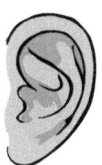

እዝኒ

الأذن

ከንፈር

الشفة

አፍ

الفم

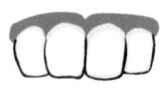

ስኒ

السن

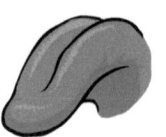

መልሓስ

اللسان

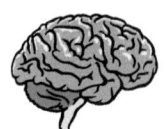

ሓንጎል

الدماغ

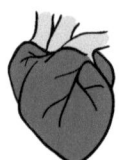

ልቢ

القلب

ጭዋዳ

العضلة

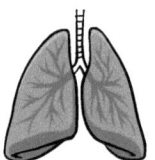

ሳንቡእ

الرئة

ጸላም ከብዲ

الكبد

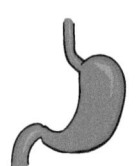

ከብዲ

المعدة

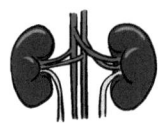

ኰሊት

الكِلى

ግብረ ስጋ

الاتصال الجنسي

ኮንዶም

الواقي المطاطي

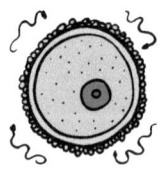

እንቋቑሖ

البويضة

ዘርኢ ተባዕታይ

المنيّ

ጥንሲ

الحمل

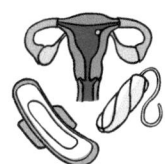

ጽግያት

الحيض

ርሕሚ

المهبل

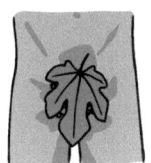

መትሎ

القضيب

ሽፋሽፍቲ

الحاجب

ጸግሪ

الشعر

ክሳድ

الرقبة

ሆስፒታል

المستشفى

መኪና ኣምቡላንስ
سيارة الإسعاف
መንበር ዓረብያ
الكرسي المتحرك
ስባር
كسر

ሓኪም

الطبيب

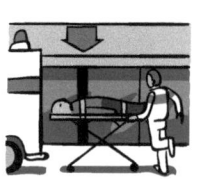

ክፍሊ ህጹጽ ረድኤት

غرفة الإسعاف

ኣላይት

الممرضة

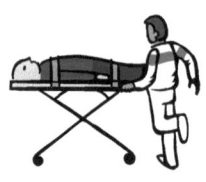

ህጹጽ ኩነት

حالة

ውንኡ ዘጥፍአ

مغمى عليه

ቃንዛ

الألم

ጉድኣት

إصابة

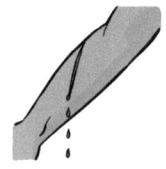

ደም

النزيف

ማህረምቲ

احتشاء القلب

ማህረምቲ

جلطة

ኣለርጂ

حسسية

ሰዓል

السعال

ረስኒ

الحُمّى

ኡንፍልወንዛ

إنفلونزا

ውጽኣት

الإسهال

ቃንዛ ርእሲ

وجع الرأس

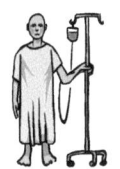

መንሽሮ

السرطان

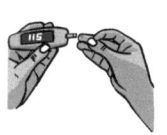

ሹኮርያ

مرض السكر

ሓኪም መጥባሕቲ

جرّاح

መጥብሒ

مبضع

መጥባሕቲ

عملية

CT

سيتي سكان

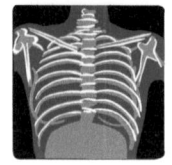

ራጂ

الأشعة السينية

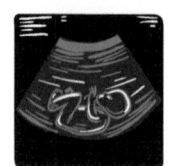

ልዕለ ድምጻዊ

فوق الصوتي

መሸፈኒ ገጽ

القناع

ሕማም

المرض

ክፍሊ ምጽባይ

غرفة الانتظار

ምርኩስ

العُكاز

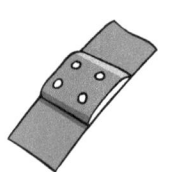

መጀነኒ ቑስሊ

شريط لاصق

መጀነኒ

ضماد

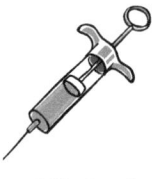

መርፍዕ ምውጋእ

حقنة

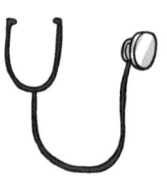

ስተቶስኮፕ

سمّاعة الطبيب

መሰከሚ ሕማም

نقالة

ቴርሞመተር

ميزان حرارة

ትውልዲ

ولادة

ልዕለ-ሚዛን

وزن زائد

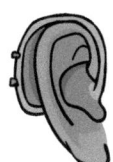

ሓገዝ ምስማዕ

....

جهاز السمع

ኣንጻሂ

....

المواد المعقمة

ልበዳ

....

عدوى

ቫይረስ

....

فيروس

ኤድስ

....

الإيدز

ሕክምና

....

الطب

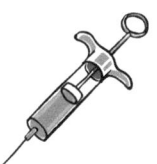

ክታበ

....

اللقاح

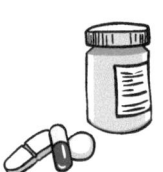

ከኒና

....

أقراص الدواء

ከኒና

....

حبّة الدواء

ህጹጽ ምድዋል

....

نداء النجدة

መዕቀኒ ጸቕጢ ደም

....

مقياس ضغط الدم

ሕሙም / ጥዑይ

....

مريض / صحيح

ህጹጽ ኩነት

حالة

ሓገዝ

النجدة!

ኣላርም

إنذار

ምህጃም

اعتداء

መጥቃዕቲ

هجوم

ድንገት

خطر

ህጹጽ መውጽኢ

مخرج طوارئ

ሓዊ!

حريق!

መጥፍኢ ሓዊ

جهاز الإطفاء

ሓደጋ

حادث

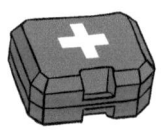

ሳንጣ ቀዳማይ ረድኤት

حقيبة الإسعاف الأولي

SOS

أنقذونا

ፖሊስ

الشرطة

ምድሪ
أرض

ኤውሮጳ

أوروبا

ሰሜን ኣመሪካ

أمريكا الشمالية

ደቡብ ኣመሪካ

أمريكا الجنوبية

ኣፍሪቃ

أفريقيا

ኤስያ

آسيا

ኣውስትራልያ

أستراليا

ኣትላንቲክ

المحيط الأطلسي

ፓሲፊክ

المحيط الهادي

ህንዳዊ ዉቕያኖስ

المحيط الهندي

ኣንታርቲካዊ ዉቕያኖስ

المحيط المتجمد الجنوبي

ኣርክቲካዊ ዉቕያኖስ

المحيط المتجمد الشمالي

ሰሜናዊ ዋልታ

القطب الشمالي

ደቡባዊ ዋልታ
....
القطب الجنوبي

ኣንታርቲካ
....
منطقة القطب الجنوبي

ምድሪ
....
أرض

መሬት
....
بر

ባሕሪ
....
بحر

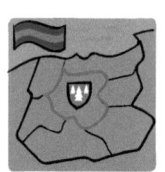

ደሴት
....
جزيرة

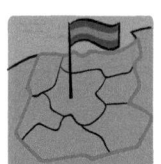

ሃገር
....
أمة

ዓዲ
....
دولة

ሰዓት
ساعة

ገጽ ሰዓት

ميناء الساعة

ኣመልካቲ ሰዓታት

عقرب الساعات

ኣመልካቲ ደቓይቕ

عقرب الدقائق

ኣመልካቲ ካልኢት

عقرب الثواني

ሰዓት ክንደይ ኣሎ?

كم الساعة الآن؟

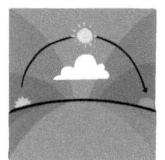

መዓልቲ

يوم

ግዜ

زمن

ሕጂ

الآن

ዲጂታል ሰዓት

ساعة رقمية

ደቒቕ

دقيقة

ሰዓት

ساعة

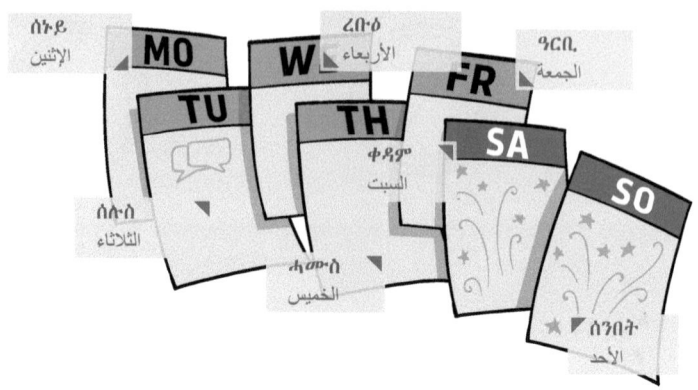

ሰሙን

أسبوع

ሰኑይ
الإثنين
ረቡዕ
الأربعاء
ዓርቢ
الجمعة
ሰሉስ
الثلاثاء
ቀዳም
السبت
ሓሙስ
الخميس
ሰንበት
الأحد

ትማሊ
....
الأمس

ሎሚ
....
اليوم

ጽባሕ
....
غداً

ንጉሆ
....
الصباح

ቀትሪ
....
الظهر

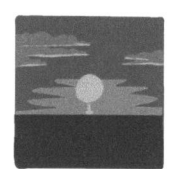

ምሸት
....
المساء

መዓልታት ስራሕ
....
أيام العمل

መወዳእታ ሰሙን
....
نهاية الأسبوع

ዓመት
سنة

ዝናብ
مطر
ቀስተ-ደመና
قوس قزح
ንፋስ
ريح
በረድ
ثلج
ጽድያ
الربيع
ሓጋይ
الصيف
ቀውዒ
الخريف
ክረምቲ
الشتاء

4.APRIL 11°
5.APRIL 4°
6.APRIL 13°
7.APRIL 8°
8.APRIL 10°

ትንቢት ኩነታት ኣየር

التنبؤ بالحالة الجوية

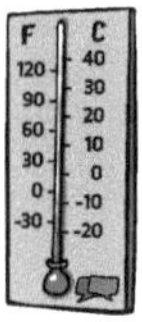

ቴርሞመተር

مقياس حرارة

ብርሃን ጸሓይ

ضوء الشمس

ደበና

سحابة

ግመ

ضباب

ጠሊ

رطوبة الجو

ብርቂ

برق

ነጎዳ

رعد

ህቦብላ

عاصفة

በረድ

بَرَد

ብርቱዕ ህቦብላ

ريح موسمية

ውሕጅ

طوفان

በረድ

جليد

ጥሪ

كانون الثاني / يناير

ለካቲት

شباط / فبراير

መጋቢት

آذار / مارس

ሚያዝያ

نيسان / أبريل

ጉንበት

أيار / مايو

ሰነ

حزيران / يونيو

ሓምለ

تموز / يوليو

ነሓሰ

آب / أغسطس

መስከረም

أيلول / سبتمبر

ጥቅምቲ

تشرين الأول / أكتوبر

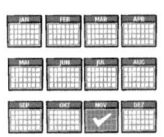

ሕዳር

تشرين الثاني / نوفمبر

ታሕሳስ

كانون الأول / ديسمبر

ቅርጽታት

أشكال

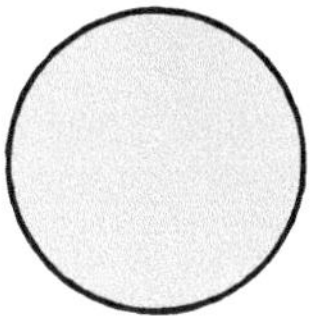

ዙርያ

دائرة

ትርብዒት

مربّع

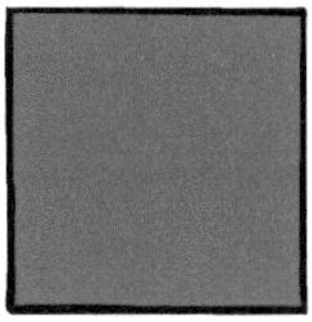

ቅኑዕ ርቡዕ ኩርናዕ

مستطيل

ስሉስ ኩርናዕ

مثلّث

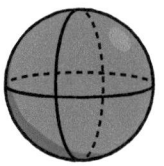

ክቢ

كرة

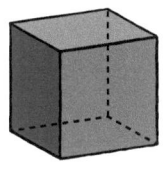

ኩቦ

مكعب

ሕብርታት

ألوان

ጻዕዳ

....

أبيض

ብጫ

....

أصفر

ኣራንሺ

....

برتقالي

ፒንክ

....

وردي

ቀይሕ

....

أحمر

ጁኽ

....

بنفسجي

ሰማያዊ

....

أزرق

ቀጠልያ

....

أخضر

ቡናዊ

....

بنّي

ሓሙኽሽታይ

....

رمادي

ጸሊም

....

أسود

ኣንጻራት

الأضداد

ብዙሕ / ውሑድ

كثير / قليل

ሕሩቕ / ሰላማዊ

غضبان / هادئ

ጽቡቕ / ክፉእ

جميل / قبيح

መጀመርያ / መወዳእታ

بداية / نهاية

ዓቢ / ንእሽቶ

كبير / صغير

ብሩህ / ጸልማት

فاتح / قاتم

ሓው / ሓፍት

أخ / أخت

ጽሩይ / ርሳሕ

نظيف / وسخ

ምሉእ / ዘይምሉእ

كامل / ناقص

መዓልቲ / ለይቲ

نهار / ليل

ሙዉት / ህልው

ميت / حيّ

ሰፊሕ / ጸቢብ

عريض / ضيّق

ደስ ዘበል / ደስ ዘይብል

صالح للأكل / غير صالح

እኩይ / ህያዋይ

شرّير / لطيف

ርቡጽ / ስልኩይ

مثير / ممل

ረጊድ / ቀጢን

سمين / نحيف

ቀዳማይ / ናይ መወዳእታ

أولاً / أخيراً

ዓርኪ / ጸላኢ

صديق / عدو

ምሉእ / ባዶ

مليء / فارغ

ተሪር / ልስሉስ

صلب / ليّن

ከቢድ / ፈኩስ

ثقيل / خفيف

ጥምየት / ጽምየት

جوع / عطش

ሕሙም / ጥዑይ

مريض / صحيح

ዘይሕጋዊ / ሕጋዊ

غير شرعي / شرعي

መስተውዓሊ / ስዲ

ذكي / غبي

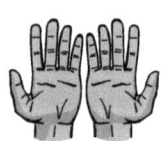

ጸጋም / የማን

يسار / يمين

ቐረባ / ርሑቕ

قريب / بعيد

ሓዲሽ / ብሉይ

....

جديد / مستعمل

ዋላ ሓደ / ገለ

....

لا شيء / بعض الشيء

ዓቢ/ኣረጊት / መንእሰይ

....

مسِن / شاب

ወልዕ / ኣጥፍእ

....

يشعل / يطفئ

ክፉት / ዕጹው

....

مفتوح / مغلق

ህዱእ / ዓው

....

خافت / عالٍ

ሃብታም / ድኻ

....

غني / فقير

ቅኑዕ / ግጉይ

....

صح / خطأ

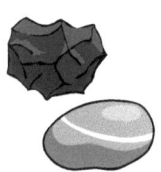

ሓርፋፍ / ልሙጽ

....

أحرش / املس

ጉሁይ / ሕጉስ

....

حزين / سعيد

ሓጺር / ነዊሕ

....

قصير / طويل

ቀስ / ቅልጡፍ

....

بطيء / سريع

ጥሉል / ንቑጽ

....

مبلول / جاف

ምዉቕ / ዝሑል

....

ساخن / بارد

ውግእ / ሰላም

....

حرب / سلم

0	**1**	**2**
ዜሮ	ሓደ	ክልተ
صفر	واحد	اثنان

3	**4**	**5**
ሰለስተ	ኣርባዕተ	ሓሙሽተ
ثلاثة	أربعة	خمسة

6	**7**	**8**
ሽዱሽተ	ሸውዓተ	ሸሞንተ
ستة	سبعة	ثمانية

9	**10**	**11**
ትሽዓተ	ዓሰርተ	ዓሰርተ ሓደ
تسعة	عشرة	أحد عشر

12

ዓሰርተ ክልተ

اثنا عشر

13

ዓሰርተ ሰለስተ

ثلاثة عشر

14

ዓሰርተ ኣርባዕተ

أربعة عشر

15

ዓሰርተ ሓሙሽተ

خمسة عشر

16

ዓሰርተ ሽዱሽተ

ستة عشر

17

ዓሰርተ ሸውዓተ

سبعة عشر

18

ዓሰርተ ሸሞንተ

ثمانية عشر

19

ዓሰርተ ትሽዓተ

تسعة عشر

20

ዕስራ

عشرون

100

ሚእቲ

مائة

1.000

ሽሕ

ألف

1.000.000

ሚልዮን

مليون

ቋንቋታት

اللغات

እንግሊዝኛ

الإنكليزية

አመሪካዊ እንግሊዛዊ

الإنكليزية الأمريكية

ቻይናዊ ማንዳሪን

لغة ماندارين الصينية

ሂንዳዊ

الهندية

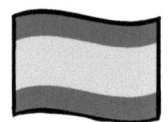

እስጳኛዊ

الإسبانية

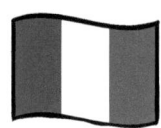

ፈረንሳዊ

الفرنسية

ዓረባዊ

العربية

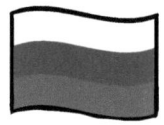

ሩሲያዊ

الروسية

ፖርቱጋላዊ

البرتغالية

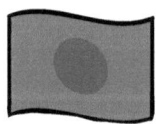

በንጋሊ

البنغالية

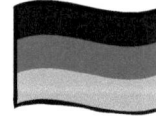

ጀርመናዊ

الألمانية

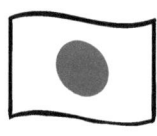

ጃፓናዊ

اليابانية

መን / እንታይ / ከመይ

من / ماذا / كيف

አነ

....

أنا

ንስኻ/ኺ

....

أنت

ንሱ / ንሳ / ንሱ

....

هو / هي

ንሕና

....

نحن

ንስኻ

....

أنتم

ንሳቶም

....

هم

መን?

....

من؟

እንታይ?

....

ماذا؟

ከመይ?

....

كيف؟

ኣበይ?

....

أين؟

መዓስ?

....

متى؟

ሽም

....

اسم

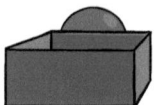

ኣበይ

أين

ድሕሪ

خلف

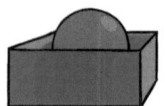

ኣብ

في

ኣብ ቅድሚ

أمام

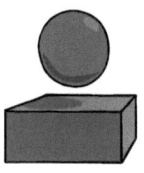

ኣብ ላዕሊ

فوق

ኣብ ልዕሊ

على

ትሕቲ ምድሪ

تحت

ኣብ ጥቓ

جنب

ኣብ መንጎ

بين

ቦታ

مكان